MÉMOIRE

SUR LE

PENDULE CONIQUE

ET SUR DE

NOUVEAUX INSTRUMENTS CHRONOMÉTRIQUES

AUXQUELS IL EST APPLIQUÉ

Par A. REDIER

SOMMAIRE

INTRODUCTION.

Travaux antérieurs à 1860, sur le Pendule conique.

Conditions pour obtenir du Pendule conique les meilleurs résultats.

Applications du Mouvement uniforme obtenu par le Pendule conique.

Description du Comparateur chronométrique.

Description d'une Pendule qui a la faculté de se mettre en coïncidence parfaite avec une autre Pendule.

Description d'une autre Pendule donnant les mêmes résultats, avec d'autres combinaisons.

Des moyens de rectifier une ou plusieurs fois par jour l'heure, la minute, la seconde et la fraction de seconde d'une Pendule placée à une grande distance.

Observations sur le Pendule conique et application nouvelle de la propriété qu'a le Pendule de conserver le même plan d'oscillation.

PARIS

LIBRAIRIE DE C. BORRANI

9, RUE DES SAINTS-PÈRES.

1860

Le 7 mai 1860, j'ai présenté à l'Académie des Sciences un *Mémoire
sur de nouvelles applications du Pendule conique*. Les comptes-rendus
des séances de l'Académie ont publié dans la même semaine une Note
qui n'est que la substance de ce Mémoire. Ce Mémoire et cette Note ne
pouvaient admettre tous les développements techniques utiles aux
horlogers qui seraient tentés de faire quelques essais avec le Pendule
conique ou avec les instruments pour lesquels je l'ai employé. J'ai, en
conséquence, réuni tout ce que j'avais étudié ou exécuté sur ces ques-
tions, et ce travail n'est autre chose que le développement du Mémoire
que j'ai soumis à l'Académie.

A. REDIER.

Paris, 16, Cour des Petites-Écuries, 1er juin 1860.

INTRODUCTION

Il n'existe pas d'instrument avec lequel on puisse tenir compte à coup sûr de très-petites fractions de secondes, lorsque la durée de l'expérience est considérable. Les instruments chronoscopiques qui ont été inventés depuis quelques années ne servent qu'à de courtes mesures de temps, et s'ils devaient fonctionner seulement quelques heures, le cumul des erreurs que leur construction entraîne donnerait des résultats moins exacts que ceux de la plus médiocre des montres.

Ce n'en sont pas moins des instruments fort précieux, et qui ont rendu et rendront encore de très-grands services à la science. Une expérience dure 50 centièmes de seconde, il importe peu que l'instrument ne soit réglé qu'à un centième près ; l'erreur, dans ce cas, ne serait que de $\frac{1}{100}$ tout au plus ; mais il n'en est pas de même pour une observation qui embrasse un certain nombre d'heures. Ainsi, par exemple, un phénomène commence à 5 heures 5 minutes, 15 secondes, 35 centièmes, et doit durer 8 heures 4 minutes, 6 secondes, 12 centièmes ; on ne trouve pas d'instrument pour donner rigoureusement cet intervalle de temps. L'habileté de quelques observateurs parvient à y suppléer quelquefois, mais les plus experts ont toujours quelques doutes sur les petites fractions.

Or, les instruments qui peuvent conserver une parfaite uniformité de marche pendant des heures, des jours et des mois ; c'est-à-dire les pendules astronomiques, les chronomètres, etc., tiennent tous leur régularité d'éléments mécaniques qui les obligent à suspendre la marche des aiguilles, soit à chaque seconde, soit à chaque demi-seconde, ou cinquième de seconde. L'observateur doit mentalement diviser cet espace et on peut assurer que chacun d'eux fait cette division à sa manière, et, en quelque sorte, suivant son tempérament.

Il semble donc qu'une horloge à mouvement continu soit un commencement de la solution du problème; mais il y a une difficulté dont il faut tenir compte : car si l'on cherche à suivre de l'œil l'aiguille d'une semblable horloge, on saisit avec une extrême difficulté le commencement et la fin de chaque seconde, et on reconnaît que l'oreille a une supériorité marquée sur le sens de la vue, supériorité qu'il faut utiliser.

Supposons maintenant que nous construisions un instrument qui ait les propriétés suivantes :

Régularité parfaite de marche comparable à celle des meilleurs régulateurs à pendules à échappement libre ou à repos ; mouvement continu d'une aiguille des secondes; battement d'une autre aiguille de secondes; faculté pour celle-ci de frapper, soit à la seconde entière, soit à telle fraction de la seconde qu'on voudra ; faculté d'avancer ou retarder toutes les aiguilles d'une quantité quelconque; faculté de mettre cette horloge en coïncidence parfaite avec une autre horloge, et de lire la différence entre ces deux instruments.

Cet énoncé suffit pour faire comprendre tout le parti qu'on peut tirer de ces dispositions en vue de faciliter les observations astronomiques et de toute nature dans lesquelles la mesure du temps est un des éléments principaux.

On conçoit déjà combien il sera facile d'envoyer l'heure rigoureuse d'un lieu dans un autre au moyen de l'électricité. La mesure des longitudes de lieux très-rapprochés, la rectification à distance de l'heure d'une horloge sont autant de problèmes qui deviendront faciles à résoudre.

Disons tout d'abord que nous obtenons le mouvement continu par l'emploi du pendule conique essayé quelquefois depuis l'époque de son invention par Huyghens, et affirmons déjà très-nettement que tout ce qu'on obtient avec le pendule plan comme régularité de marche, on l'obtient au même degré, avec le pendule conique.

Nous nous efforcerons, dans le cours de ce mémoire, de constater la part que chacun a apportée dans la réalisation du problème du mouvement uniformément continu.

Fort peu d'horlogers croient avoir affaire à un véritable pendule quand ils sont en présence de l'invention de Huyghens; ne ferions-nous que fixer les idées sur ce point, ce travail aurait déjà de l'intérêt.

Nous devons encore dire un mot des tentatives qui ont été faites pour obtenir le mouvement continu par d'autres moyens que le pendule conique. Ces tentatives prouvent d'ailleurs l'importance que les savants et les artistes ont toujours attachée à cette question. Nous placerons au premier rang l'horloge à mouvement continu de M. Wagner.

Machine de M. Wagner. — On sait que cette machine se compose de deux rouages, ayant chacun leur moteur et leur régulateur. L'un d'eux est réglé par un pendule et un échappement ordinaires; l'autre, par un volant ou balancier circulaire tournant sous une cloche qui peut, en enveloppant plus ou moins ce volant, en retarder ou en accélérer la marche; or, ces deux rouages sont liés entre eux par un train différentiel dont la roue satellite, en se déplaçant et en enveloppant ainsi plus ou moins le volant, met constamment en concordance les deux horloges; l'une d'elles suit le mouvement continu, et l'autre fonctionne comme les horloges ordinaires.

C'est une des plus sérieuses inventions de l'horlogerie moderne.

Cependant, les fonctions assez compliquées qui surchargent les derniers mobiles inspirent quelques doutes sur la possibilité de faire un véritable instrument de précision avec ce mécanisme ; et, en analysant avec quelque soin ce qui se passe, on demeure convaincu que le mouvement de l'aiguille des secondes n'est réellement pas aussi uniforme qu'il semble devoir l'être au premier abord.

Les mouvements à force centrifuge ont donné des résultats très-approchés pour le même objet; un simple volant, conduit par une force motrice toujours égale, a quelquefois suffi pour de courtes expériences; mais, dans toutes ces tentatives, dès que l'huile des pivots s'épaissit quelque peu, les vitesses se modifient considérablement. La seule solution est vraiment celle de M. Wagner.

Nous avons en construction dans ce moment un chronomètre portatif imité de l'horloge de M. Wagner. Pour en donner une idée, supposons que A (fig. 1) soit la roue de secondes d'un chronomètre ordinaire, et B la roue de secondes d'un second chronomètre dont le régulateur sera une ancre de petit rouage de montre à répétition, munie d'un petit ressort spiral.

Ce petit échappement sera disposé pour faire cent vibrations par seconde. Entre les deux roues A et B engrène une roue C dont la monture pivote sur le même centre que B, et forme ainsi satellite. Tant que les roues A et B auront la même vitesse, le centre de la roue C ne sera pas déplacé ; mais si B prend de l'accélération sur A, C se déplacera d'une quantité proportionnelle à cette accélération, et si on emploie ce mouvement pour agir sur le spiral *de la petite ancre,* on maintiendra une régularité presque parfaite. Les choses se passeront comme dans l'horloge de M. Wagner.

Inconvénients du procédé de M. Wagner. — La figure que nous venons de tracer nous servira à montrer à quels écarts exposent cependant de pareilles machines.

Supposons que pendant les premiers jours de marche le rouleau C se maintienne à la même place, mais qu'il vienne en C' pendant les derniers jours, c'est-à-dire que pour maintenir l'égalité de marche entre les deux roues A et B, le rouleau C doive se maintenir en C' pendant la dernière période de marche ; il est évident que ce seul déplacement indique que les deux aiguilles ne sont plus en concordance, et qu'il pourra y avoir une ou deux secondes, peut-être plus, du premier aux derniers jours de marche.

Le mécanisme de M. Wagner n'échappe pas plus à cet inconvénient que cette disposition appliquée à un chronomètre portatif.

Il faut donc revenir au pendule de Huyghens. Nous allons tâcher de consigner tous les travaux qui ont été faits sur cet élément de régularité.

TRAVAUX ANTÉRIEURS A 1860

SUR LE PENDULE CONIQUE

Nous reproduirons d'abord les principaux passages de la note publiée dans les comptes-rendus de l'Académie des sciences, année 1847, lors de la communication de M. Foucault sur l'emploi du pendule conique.

Note de M. Foucault (1847). — « La machine que j'ai l'honneur de présenter à l'Académie répond à la nécessité de produire, au service des sciences astronomique et physique, une espèce particulière de mouvement uniforme, continu et mesuré.

« C'est, comme l'on voit, un modèle d'horloge qui donne immédiatement le mouvement uniforme, mesuré et continu ; un mouvement, en un mot, directement applicable à la conduite d'une machine parallactique.

« Ce résultat a été obtenu en substituant au pendule ordinaire le pendule conique ; par là on arrive à supprimer l'échappement, qui, ayant pour effet de mettre périodiquement et momentanément le rouage en communication avec le pendule, engendre de toute nécessité les pulsations dont il vient d'être fait mention. L'échappement supprimé, si l'on remplace le pendule ordinaire par le pendule conique, celui-ci peut être maintenu constamment en relation avec le rouage qui défile d'une manière continue, ainsi qu'on en peut juger par la marche de l'aiguille des secondes, fixée directement sur l'un des axes de la machine.

« L'idée du pendule conique est déjà fort ancienne ; elle remonte à Huyghens, qui l'appelait pendule circulaire ou à pirouette ; mais cette idée n'a jamais été, que je sache, l'objet d'aucune application sérieuse et durable. L'oubli dans lequel ce pendule est resté doit être attribué à plusieurs causes.

« En premier lieu, le pendule ordinaire appliqué à la mesure du temps atteint si bien et si simplement son but, qu'il était à peu près inutile de chercher mieux.

« En second lieu, la suspension du pendule conique paraissait présenter quelque difficulté.

« En troisième lieu, il semblait assez difficile aussi de réaliser d'une manière pratique le mécanisme qui dût jouer à l'égard du pendule conique le rôle que joue l'échappement à l'égard du pendule ordinaire. En effet, l'échappement est chargé d'une fonction très-délicate, celle de transmettre du rouage au pendule la petite quantité de force nécessaire à l'entretien de son mouvement, sans influer sur la durée des oscillations et sans limiter leur amplitude.

« Ajoutons qu'il se présente pour le pendule conique une difficulté de plus, celle de lui conserver un mouvement parfaitement circulaire.

« Par quelques observations préliminaires, j'ai rappelé que l'horlogerie est, en effet, destinée à rendre service à l'astronomie autrement qu'en lui fournissant des instruments pour la mesure du temps. Il me reste à faire connaître le mode de suspension que j'ai adopté pour le pendule conique, et à décrire le mécanisme chargé de transmettre le mouvement du rouage au pendule et de lui imprimer une tendance continuelle vers la marche circulaire.

« Pour qu'un pendule puisse engendrer par son mouvement une surface conique, il faut et il suffit qu'il puisse osciller autour d'un point dans deux plans rectangulaires.

« La suspension de Cardan semble satisfaire à ces conditions, surtout lorsqu'on la compose avec des couteaux ; mais alors sa construction se complique, et des difficultés s'élèvent si l'on veut la réaliser avec précision. J'ai préféré recourir à un autre mode de suspension que j'ai décrit en détail dans mon mémoire ; ce mode présente quelque analogie avec la suspension de Cardan, mais il est à la fois plus simple et plus facile à construire.

« Le pendule, ainsi suspendu, peut osciller librement autour d'un point bien défini et dans toutes les directions possibles ; il peut, conséquemment, se mouvoir en cercle autour de la verticale abaissée du point de suspension.

« Pour concevoir comment le mouvement lui est communiqué, il faut se représenter le dernier mobile du rouage placé verticalement au-dessus du point de suspension, et portant à son extrémité inférieure, conservée libre, une sorte de doigt qui vient presser sur l'extrémité supérieure de la tige du pendule, laquelle a été prolongée à dessein afin de pouvoir entrer en prise.

« A la manière dont ce doigt presse sur l'extrémité supérieure de la tige du pendule, il semble tout d'abord que celui-ci doive abandonner peu à peu la marche circulaire pour n'y plus revenir. L'expérience montre positivement le contraire; et quand on tient compte d'un genre de frottement très-particulier qui accompagne nécessairement l'action de ce doigt, on voit que ce frottement est la cause efficace de la stabilité qu'on observe dans la marche de la machine. Du reste, pour montrer combien elle est puissante à se régulariser elle-même, il suffit de communiquer au pendule une impulsion étrangère. Sa marche ainsi troublée, on le voit décrire dans l'espace, par chacun de ses points, des ellipses plus ou moins allongées; en même temps, l'aiguille des secondes accuse, par son mouvement pulsatif, le trouble survenu dans la marche de l'instrument. Mais peu à peu les ellipses se dilatent, les saccades de l'aiguille s'apaisent et s'effacent, et, au bout de quelques minutes, une marche stable et régulière a succédé à ce désordre d'un moment.

« Sans vouloir entrer dans la description de tous les menus détails de construction qui doivent concourir à rendre cette machine aussi parfaite que possible, je dois mentionner encore ici la disposition qui a été adoptée pour mettre le pendule en marche, et pour le recevoir quand son mouvement vient à être suspendu.

« La masse du pendule étant constituée par une forte pièce métallique centrée sur la tige, on comprend que celle-ci puisse se prolonger en dessous en une verge cylindrique d'un petit diamètre et de plusieurs millimètres de longueur.

« Quand l'horloge est en marche, cette verge délimite, par son mouvement, un espace circulaire; dans cet espace, on a monté un plateau circulaire dont le centre se trouve situé sur la verticale abaissée du centre des mouvements du pendule. On peut, du reste, communiquer à la main un mouvement de rotation plus ou moins rapide à ce disque.

« Les choses étant ainsi disposées, si la force vient à manquer, le pendule s'arrête; et, au lieu de se rapprocher insensiblement de la verticale, il vient reposer, par le prolongement inférieur de sa tige, sur quelqu'un des points du pourtour du plateau. Par ce moyen, le pendule, même à l'état de repos, dévie toujours de la verticale d'un angle qui est déterminé par le diamètre du plateau. On empêche ainsi que l'extrémité supérieure de la tige ne vienne choquer et fausser l'axe délicat du dernier pignon.

« En outre, la machine étant remontée, ce plateau offre encore la facilité de lancer le pendule circulairement, et d'une manière beaucoup plus sûre qu'on ne pourrait le faire à la main. Il suffit de faire tourner ce plateau avec une vitesse graduellement croissante, pour qu'à un moment donné, on voie le pendule abandonner son bord et continuer de lui même à marcher circulairement. Comme, suivant toutes probabilités, il y aura avantage à donner au pendule un poids considérable, il était important de trouver un moyen simple de le lancer d'emblée circulairement ; car autrement, en raison même de sa masse, il aurait employé à se régulariser spontanément un temps plus ou moins long, ce qui eût nui singulièrement aux applications auxquelles on le destine.

« Comparaison du nouveau Pendule avec celui d'Huyghens, dit Pendule circulaire ou à pirouette.

« Il me reste à signaler en quoi la nouvelle machine diffère essentiellement de celle imaginée par Huyghens, vers l'année 1673, et qui, de l'aveu même de son auteur, n'a jamais fonctionné d'une manière satisfaisante.

« Huyghens plaçait également dans la verticale l'axe du dernier mobile de son rouage. Cet axe, tournant librement sur ses deux pivots, dépassait en longueur celle du pendule lui-même, et devait être assez fort pour en supporter tout le poids. Le pendule n'était pas attaché directement à cet axe, mais bien au bord libre d'une lame qu'il portait sur le côté, et dont le profil figurait une développée de la parabole. Pour aller se rendre à son point d'attache, la tige du pendule, qui n'était autre qu'un fil ou qu'une lame flexible, passait à travers une fente verticale pratiquée dans l'axe.

« Dans son mouvement de rotation, l'axe entraînait le pendule qui, par l'effet de la force centrifuge, s'éloignait plus ou moins de la verticale, en décrivant un arc de parabole ; sa longueur réelle comptée à partir du point où sa tige se dégageait entre les bords de la fente, variait ainsi dans les proportions voulues pour obtenir l'isochronisme.

« Cette construction ingénieuse, comparée à celle que nous proposons aujourd'hui, présente des différences fondamentales. Le pendule, pesant de tout son poids sur l'axe qui lui communiquait le mouvement, devait être assez léger. Son poids étant peu considérable, ses oscillations étaient très-étendues ; et pour conserver l'isochronisme, il fallait faire varier la longueur réelle du pendule, en faisant enrouler ou dérouler la tige flexible sur une développée de parabole. Enfin, ce qui rapproche assez ce pendule du régulateur à force centrifuge, c'est que sa masse tourne une fois sur elle-même, en même temps qu'elle opère une révolution autour de la verticale.

« En recourant à une disposition toute différente, j'ai eu principalement pour but, tout en changeant la nature de son mouvement, de conserver au pendule ses attributs ordinaires et consacrés par une longue expérience, c'est-à-dire que j'ai tenu à respecter son poids, son indépendance et l'amplitude modérée de ses oscillations. Je me suis également astreint à conserver au dernier mobile du rouage la délicatesse, la légèreté et la liberté de mouvement qu'on rencontre ordinairement dans la roue d'échappement. Je désire sincèrement que cette machine soit soumise à toutes les épreuves qu'on voudra bien lui faire subir, afin qu'on arrive à juger si elle est capable ou non de figurer un jour parmi les inventions utiles à la science. »

Dans la même séance, M. Arago met sous les yeux de l'Académie un appareil que lui a remis M. Breguet, et dans lequel le régulateur est aussi un pendule conique.

M. Poncelet, à l'occasion de la même communication, annonce que M. Pecqueur a imaginé un appareil de ce genre, dont il a consigné la description dans un paquet cacheté, déposé à la séance du 12 avril 1847.

Voici la suscription du paquet : *Description des principes d'un nouveau pendule à isochronisme naturel et propre à assurer l'uniformité continue de la marche des rouages d'horlogerie.*

Le même volume des comptes-rendus de l'Académie des sciences contient le mémoire de M. Pecqueur sur le même objet.

Voici le Mémoire en entier de M. Pecqueur :

« Le pendule conique, comme on le sait, n'est isochrone que lorsqu'il décrit constamment le même cône ; mais, en pratique, la force motrice et la résistance ne pouvant être rigoureusement constantes, il devient impossible de satisfaire à cette condition sans lui faire subir des modifications qui permettent aux révolutions. grandes ou petites, de s'accomplir dans des temps rigoureusement égaux C'était là, en effet, toute la difficulté de la question, et, pour la résoudre, je me suis appuyé sur ces deux lois fondamentales :

« 1re LOI. — Si un pendule, susceptible de tourner librement autour de la verticale d'un point fixe, avait la propriété de s'allonger et de se raccourcir de telle sorte qu'en lui faisant décrire des cônes plus ou moins obtus, son centre d'oscillation restât constamment dans le plan horizontal qui comprend le centre d'oscillation du même pendule supposé en repos, alors ces révolutions, grandes ou petites, s'accompliraient dans le même temps, et ce temps serait exactement celui qu'un pendule ordinaire, de même longueur, mettrait à exécuter une double oscillation.

« 2e LOI. — La quantité dont le pendule conique doit s'allonger, pour que son centre d'oscillation reste à la même hauteur quand l'angle vient à varier par une cause quelconque, est exactement proportionnelle à la résultante de deux forces, la gravité et la force centrifuge, résultante qui agit dans la direction même de la tige du pendule.

« Rapprochant ces deux lois de la propriété qu'ont les ressorts à boudin de s'allonger proportionnellement à la charge qu'ils supportent, on voit tout de suite comment il devient possible d'appliquer ces lois à la construction d'un pendule conique isochrone sous tous les angles. En effet, si, au lieu de suspendre la lentille à une verge de longueur fixe, on la suspendait à un ressort dont les allongements seraient proportionnels aux accroissements de la résultante dont il vient d'être parlé, le centre d'oscillation du pendule resterait toujours à la même hauteur, et l'isochronisme serait assuré pour toutes les ouvertures au sommet des cônes.

« Ces principes, que chacun peut vérifier par la théorie, étant posés, il s'agissait d'en faire l'application. D'une part, pour que le ressort ait des allongements proportionnels aux accroissements de la résultante, il faut que son allongement, sous le poids de la lentille en repos, soit égal à la longueur même du pendule ; d'un autre côté, il faut éviter toute espèce de gêne dans les mouvements d'allongement et d'accourcissement qui doivent se produire par suite des variations de longueur du pendule, car le moindre frottement empêcherait la lentille d'arriver à la hauteur que réclame la tension des ressorts. J'ai vaincu, je crois, ces difficultés pratiques, par les dispositions qui se trouvent adoptées dans le modèle que j'ai l'honneur de mettre sous les yeux de l'Académie des sciences. Ce modèle se compose des pièces suivantes : 1° d'une suspension à la Cardan ; 2° d'une tige rigide qui dépasse la lentille d'une quantité suffisante pour permettre au pendule de décrire les plus grands cônes sous l'allongement correspondant des ressorts; 3° d'une lentille sphérique, au milieu de laquelle est ménagé un espace vide et cylindrique, dans le sens parallèle à la tige; 4° de quatre ressorts à boudin en acier fondu et trempé ; 5° d'un premier tube enveloppant la tige sans la toucher, et qui, en s'appuyant sur le double écrou régulateur placé au bas de cette tige, s'élève jusqu'à la hauteur du centre de suspension : le bout supérieur de ce tube supporte, par le milieu, une petite traverse aux extrémités de laquelle se trouve suspendu l'un de ces couples de ressorts à boudin; 6° d'un deuxième tube qui enveloppe le précédent sans le toucher. La longueur de ce tube est à peu près celle du pendule simple qui ferait deux oscillations pendant que le pendule conique accomplit une révolution entière.

« Ce dernier tube est muni, à chacune de ses extrémités, d'une petite traverse semblable à celle dont il a déjà été parlé : la traverse inférieure est suspendue au premier couple de boudins; la traverse supérieure supporte le deuxième couple de ressorts, à la base duquel est suspendue la lentille elle-même.

« Par cette combinaison, il est évident que les frottements sont évités et que les allongements des deux couples de ressorts s'ajoutent entre eux, de manière à atteindre le but annoncé. Il en résulte aussi que les deux tubes, d'une matière plus dilatable que la tige, donnent lieu à une certaine compensation sous le rapport des changements de température, compensation qu'il n'est pas indispensable de rendre parfaite pour des expériences de courte durée, mais qu'au moyen d'une étude convenable de la marche de l'appareil, on sera toujours maître de perfectionner quand il s'agira d'appliquer le pendule conique aux horloges. Il me suffira de dire que, dans l'appareil exécuté ici sans beaucoup de soins, le retard ou l'avance dû aux variations de la température est assez faible pour qu'on n'ait point à s'en inquiéter lors des applications ordinaires.

« Je me suis d'ailleurs convaincu, par l'expérience, que mon pendule régulateur marchait dans des conditions convenables pour des ouvertures de l'angle au sommet du cône, comprises depuis 5 jusqu'à 60 degrés environ, lorsque la puissance motrice varie elle-même en intensité, depuis 1 jusqu'à 30 au moins.

« Enfin, je dois faire observer que le mouvement circulaire du pendule est assuré au moyen d'un petit poids, placé à l'extrémité du levier, qui transmet l'action motrice au prolongement supérieur de la tige de suspension de ce pendule. »

Ces deux citations représentent l'état de la question à son point le plus avancé en 1847; en voici le résumé :

Résumé de la note de M. Foucault et du mémoire de M. Pecqueur. — M. Foucault croit qu'on peut attendre d'excellents résultats du pendule conique. Un disque concentrique au cône, décrit par le pendule, reçoit la tige, par laquelle le mouvement est communiqué. Ce disque, tournant lui-même, sert à donner l'impulsion concentrique et à empêcher le pendule de briser l'axe moteur du rouage. La suspension et le procédé pour conserver la forme circulaire aux oscillations ne sont pas décrits avec netteté.

M. Pecqueur s'est surtout préoccupé du défaut d'isochronisme dans les grandes et les petites oscillations de ce pendule, et propose l'emploi de ressorts sur lesquels repose la lentille. La flexibilité de ces ressorts est calculée ou amenée de telle sorte que l'action de la pesanteur et de la force centrifuge maintiennent, dans les grands ou les petits axes, le centre d'oscillation dans le même plan horizontal.

Le procédé pour maintenir la forme circulaire aux oscillations semble être le même que celui de M. Foucault, avec cette différence que M. Foucault croit que le frottement du doigt conducteur sur la tige conduite suffit pour maintenir le pendule dans un cercle parfait, tandis que M. Pecqueur augmente ce frottement par l'addition d'un petit poids à l'extrémité du levier conducteur.

Moinet et Thiout. — Nous ne citerons que pour mémoire les quelques lignes que Moinet a écrites sur l'emploi de ce pendule, et les deux courtes descriptions avec dessin que donne Thiout dans son traité. Jamais ni Thiout ni Moinet n'ont construit des appareils de cette nature; ils ne rapportent aucun essai, et Moinet, qui a fait d'une horloge à pendule conique le frontispice de son ouvrage, a terminé celui-ci sans dire même approximativement en quoi consistait son projet.

Pendule conique du Conservatoire des Arts et Métiers.

Pendule conique du Conservatoire des Arts et Métiers. — Le cabinet d'horlogerie du Conservatoire des Arts et Métiers contient un compteur à pendule conique qui date de la fin du dernier siècle. Ce compteur étant disposé pour la mesure décimale du temps, le pendule est de longueur convenable pour faire son tour en une seconde décimale.

La suspension est une suspension à couteaux à la Cardan. Le pendule est conduit par le prolongement de sa tige au-dessus de la suspension. Sa lentille pèse environ 2 kilog. et décrit en marchant environ 15 degrés. L'axe d'une aiguille spéciale vient embrayer à volonté avec l'axe conducteur du pendule. Si on abandonne le bouton d'embrayage, l'aiguille s'arrête et son parcours indique la durée de l'observation en centièmes de secondes. Une très-petite cage de pendule posée horizontalement contient le rouage. L'ensemble est bien exécuté et fonctionne bien.

Exposition de 1855. — A l'Exposition universelle de 1855, à Paris, on voyait, parmi les produits de l'horlogerie anglaise, une petite horloge à trois pendules dont l'effet était fort singulier. Deux pendules ordinaires oscillaient en deux plans perpendiculaires et se rattachaient à un pendule conique suspendu au sommet de l'angle droit formé par deux perpendiculaires au milieu des plans d'oscillation des deux premiers pendules. Cet ensemble de trois pendules liés l'un à l'autre par des articulations assez grossièrement établies et fonctionnant l'un en avant et en arrière, l'autre à droite et à gauche et le troisième en cercle, n'attirait guère l'attention des spectateurs français. On verra tout à l'heure ce qu'il pouvait y avoir de sérieux dans cette idée en apparence si bizarre.

Pendules de M. Balliman. — M. Balliman présentait en même temps, dans les galeries de l'exposition française, plusieurs échantillons de pendules réglées par un pendule conique. Un simple fil d'acier très-fin supportait la lentille fort légère qui oscillait au-dessus du mouvement. La plupart des horlogers, en voyant ces pendules, pensaient être en présence d'une horloge à volant susceptible de varier considérablement avec les changements de force motrice.

Le silence de M. Balliman, qui croyait sa modestie engagée à ne pas faire valoir ses échantillons, contribua beaucoup à maintenir cette opinion parmi les horlogers.

Cet honorable artiste était cependant convaincu qu'on pouvait avoir d'excellentes marches avec ses pendules, et, depuis longtemps, en effet, nous savons qu'il obtient des résultats comparables à ceux des meilleures pendules ordinaires. En présence même de ces résultats, nous regardons M. Balliman comme le premier horloger qui ait tiré un parti sérieux du pendule conique.

Projet de M. Cuel. — Nous avons dit plus haut qu'un horloger anglais avait présenté en 1855 une horloge à trois pendules; c'est cette idée grossièrement rendue que M. Cuel a le projet de réaliser, et nous devons attendre d'un artiste aussi soigneux et aussi plein des anciennes traditions de l'art une solution complète du problème qu'il s'est posé.

C'est chez M. Cuel que nous avons vu pour la première fois une suspension à lames à la Cardan pour attacher le pendule conique. C'est un véritable chef-d'œuvre comme exécution et comme conception.

En communiquant à M. Cuel l'idée de faire marcher un pendule conique au moyen de deux mouvements ordinaires de pendules posés perpendiculairement l'un à l'autre, il me montra que, depuis longtemps, il avait commencé à réaliser cette pensée inspirée par le triple pendule anglais, et cette suspension de Cardan à lames était un des éléments de sa machine. Nous ne pouvons rien dire de plus de son appareil, si ce n'est que, mieux que nous ne projetions, il fera marcher les deux fourchettes croisées avec le même mouvement, le même rouage et la même roue d'échappement.

MM. Rozé père et fils. — Nous savons aussi que MM. Rozé se sont occupés du pendule conique, surtout au point de vue théorique; nous espérons qu'ils ne tarderont pas à publier le résultat de leurs études. Comme MM. Balliman, Cuel, Laurendeau, dont nous avons parlé, ils sont convaincus que le pendule conique peut régler aussi bien que le pendule ordinaire.

Horloges publiques de M. Laurendeau, de Bordeaux. — Dans le courant de 1859, nous reçûmes la visite de M. Laurendeau, fabricant d'horloges publiques à Bordeaux. Il croyait être le premier à avoir appliqué le pendule conique aux horloges publiques. Depuis deux ans, un grand nombre d'horloges placées sur des clochers de la Gironde lui donnaient les meilleurs résultats. Ces horloges, disait-il, ne redoutent ni les coups de vent, ni les brusques ébranlements de la sonnerie. Un lourd pendule, de 25 à 30 kilog., suspendu par un simple fil d'acier rond, oscille circulairement, mené par son extrémité au moyen d'un doigt fixé sur le dernier mobile. Nous conduisîmes M. Laurendeau chez M. Balliman, et ces deux artistes se confirmèrent réciproquement l'excellente marche obtenue au moyen de ce pendule.

Pendule électrique de M. Vérité, de Beauvais. — M. Vérité, de Beauvais, a exposé à Rouen, en 1859, une pendule électrique réglée par un pendule conique. Le cercle entier est décrit en une seconde, c'est-à-dire que le pendule a la longueur du pendule ordinaire à demi-secondes. Un électro-aimant en entretient le mouvement circulaire et les tours viennent, sur un cadran éloigné du régulateur, se compter au moyen des fils conducteurs de l'électricité. M. Vérité a construit plusieurs pendules de ce genre : la suspension qu'il a adoptée est un simple fil d'acier rond, ou même une fine corde à boyau.

Malgré les variations de l'intensité de la pile, il a obtenu des marches excellentes.

Nous venons d'indiquer les travaux faits sur le pendule conique depuis son invention par Huyghens. Les noms des savants ou des artistes qui s'en sont occupés doivent, ce nous semble, avoir déjà relevé cet élément de régularité aux yeux de ses détracteurs. Nous allons maintenant examiner les meilleures conditions de son exécution.

CONDITIONS

POUR

OBTENIR DU PENDULE CONIQUE LES MEILLEURS RÉSULTATS

Comparaison du pendule conique au pendule plan.
— La durée des oscillations (1) du pendule conique se mesure comme
pour le pendule plan. Un pendule conique et un pendule plan de même
longueur feraient le premier son cercle entier, le second sa double
oscillation dans le même temps.

Les oscillations grandes ou petites de l'un et de l'autre sont sensiblement de même durée; seulement, dans le pendule conique, les grands
cercles sont parcourus avec plus de vitesse, et dans le pendule plan
les grands arcs sont décrits avec plus de lenteur.

C'est ce qui explique pourquoi Huyghens obtenait l'isochronisme dans
le pendule plan en employant la cycloïde, qui raccourcissait le pendule
vers l'extrémité de l'arc parcouru, et pourquoi Pecqueur, au contraire,
arrivait au même résultat dans le pendule conique en maintenant le
centre d'oscillation sur le même plan horizontal. Il allongeait ainsi son
pendule dans les grands cercles.

D'où il résulte pour l'un et l'autre pendules que, pour obtenir directement l'isochronisme très-approximativement, il suffit de faire décrire
de très-petits arcs. Il ne faut pas perdre de vue, d'ailleurs, cette différence importante entre les deux pendules : c'est que, dans le pendule
plan, l'étendue des arcs, allât-elle jusqu'à la demi-circonférence, ne pro-
duirait pas un ralentissement notable par rapport aux petits arcs; tandis
que le pendule conique est de plus en plus sensible aux différences de
force motrice à mesure que les arcs d'oscillation grandissent, à ce point

---

(1) Il est entendu une fois pour toutes que, par le mot *oscillation* appliqué au pendule conique,
nous voulons parler de son mouvement circulaire.

que la vitesse de ses oscillations peut être sans limites quand le cercle décrit arrive à la hauteur de la suspension même.

Le pendule conique n'a aucun des caractères du volant. — Comme il peut rester encore quelques doutes dans certains esprits sur la valeur du pendule conique en tant que régulateur, nous rapportons une expérience qui est, ce nous semble, de nature à effacer toutes les incertitudes.

Nous avons construit un pendule de la longueur convenable pour faire deux secondes en un tour : suspension à lames à la Cardan, tige de sapin très-légère.

La lentille était un cylindre de laiton mobile dans le sens de son axe comme une lentille ordinaire.

Ce cylindre vide pèse 500 grammes.

Chargé de plomb de chasse jusqu'à sa demi-hauteur, il pèse 1,500 grammes.

Rempli de ce même plomb, son poids est de 2.500 grammes.

Nous avons mis en marche ce pendule dans ces trois conditions. et avons entretenu son mouvement circulaire avec la même force motrice. Or, pour une marche de quelques heures, nous n'avons pas trouvé de différence sensible entre chacun des trois pendules.

Nous disons *différence sensible* et nous parlons de *quelques heures* d'observation, parce que, l'addition du plomb dans le cylindre modifiant la longueur mathématique du pendule, quelque soin qu'on mette à lui rendre sa longueur ainsi modifiée, on ne saurait atteindre des limites de précision absolument concluantes.

Malgré cette petite imperfection dans la manière de procéder, si ce prétendu volant conduit par la même puissance motrice marche avec la même vitesse, soit qu'il pèse 500, 1.500 ou 2,500 grammes, il nous semble superflu d'expliquer davantage en quoi il diffère du volant.

Effet des lentilles lourdes ou légères. — L'expérience précédente nous a servi à mesurer quelle était la modification éprouvée dans l'étendue des cercles d'oscillation, suivant le poids de la lentille.

Pour une lentille de   500 grammes, l'angle du cône décrit était de 5°;
Pour une lentille de 1,500 grammes,   —   1°,
Pour une lentille de 2,500 grammes.   3° 1/2.

Cette expérience est évidemment tout à l'avantage des lentilles lourdes, puisque les arcs ne varient que de 1 à 2 degrés pour une différence aussi notable dans les poids.

Effet des variations dans la force motrice. — L'épreuve la plus concluante en faveur de ce pendule est celle de la variation de l'horloge, suivant la variation de la force motrice et par suite de l'étendue du cercle décrit.

Entre toutes les expériences que nous avons faites, nous donnons les résultats moyens suivants :

Poids moteur.	Arcs décrits.	Avance en 24 heures
6 kilogr.	4°	20″,8
5 —	3°1/2	14″,8
2 —	2°	0″,8

Ils ne diffèrent pas sensiblement de ce qui se passe dans le pendule plan. Les erreurs dans celui-ci sont seulement de signe contraire. Ainsi la théorie pour les mêmes différences d'arcs donnerait dans le pendule plan — 11″,5 et — 15″,8 au lieu des chiffres du tableau + 14,8 et + 20″,8.

Si nous consultons le tableau des expériences de MM. Laugier et Winnerl, faites dans des conditions spéciales pour la recherche de l'isochronisme du pendule, les résultats seraient en faveur du pendule plan de quelques secondes.

Pour faire de sérieuses expériences de comparaison sur ces deux pendules, il faudrait le même pendule, la même suspension, réunir enfin les mêmes conditions dans les deux épreuves.

La suspension. — Il y a trois modes de suspension du pendule conique :

La suspension à couteaux à la Cardan;

La suspension par un simple fil d'acier rond,

Et la suspension à lames à la Cardan.

La suspension à couteaux a tous les inconvénients qu'on lui connaît lorsqu'on l'emploie pour le pendule plan. L'essai qu'en a fait M. Chaudé n'a donné aucun résultat satisfaisant.

La suspension par un simple fil est celle employée par MM. Balliman et Laurendeau, avec cette différence que M. Balliman donne pour longueur à ce fil la longueur même de la tige du pendule dont il remplit les fonctions, pendant que M. Laurendeau emploie un fil fort court, trois centimètres au plus, pour un pendule d'un mètre. Ces deux suspensions sont excellentes, mais n'offrent pas les mêmes ressources que celles à lames pour la recherche de la concentricité des révolutions circulaires.

Un fil d'acier carré a quelques avantages sous ce rapport, puisqu'il permet facilement d'amincir le côté qui produit le grand axe de l'ellipse.

Nous donnons, fig. 2, le tracé de suspension à lames que nous avons employée. On remarquera que les quatre lames de suspension sont à la même hauteur, et c'est une condition dont on comprend toute l'importance au point de vue de la longueur rigoureuse du pendule.

Ce modèle est disposé de telle sorte que l'angle droit formé par les deux suspensions peut être modifié et servir à la recherche de la concentricité des oscillations. Toutefois, à moins d'exagérer les choses de manière à gêner ces oscillations mêmes, le croisement des lames ne produit pas grand effet.

Cette suspension présente aussi l'avantage de la solidité ; un simple fil est bien fragile, et on n'évite pas toujours un effet de torsion qui dénature les choses.

La suspension à quatre lames est donc la meilleure, et, malgré la difficulté de sa construction, il faudra l'adopter pour des pièces de précision.

Concentricité des oscillations. — Si l'on n'a pas des oscillations concentriques, si le pendule décrit ou des ellipses ou des cercles non concentriques à la tige qui le conduit, l'aiguille des secondes ne marchera pas uniformément. Or, si l'on perd l'avantage du mouvement uniforme, il vaut tout autant employer le pendule plan.

C'est le problème le plus délicat de tous ceux qui nous occupent. Si le pendule est bien symétrique, si les épaisseurs de lame sont bien égales, on obtiendra du premier coup la concentricité cherchée ; en tout cas, avec des soins, avec des retouches à la suspension, on ne peut manquer d'arriver. Lorsqu'en effet on s'occupe de ce pendule, on remarque que le grand axe de l'ellipse tracé par lui est toujours situé dans le même sens. Si on amincit les lames placées dans cette direction, on corrigera l'effet ; et, quelles que soient les impulsions données par la main, le pendule arrivera très-promptement à décrire un cercle. Le moindre défaut de concentricité se traduit d'ailleurs très-sensiblement à l'œil, en examinant la marche de l'aiguille des secondes.

Cette perfection dans la concentricité n'est donc, tant que le pendule est libre, que le résultat de soins minutieux, et laisse toujours quelque incertitude.

La plupart de ceux qui se sont occupés de cette question, excepté M. Balliman, ont proposé, pour résoudre le problème de la concentricité des cercles décrits, de gêner plus ou moins le pendule.

M. Foucault parle du frottement du levier même qui conduit le doigt. M. Pecqueur propose de charger d'un petit poids le levier conducteur du pendule, de manière évidemment à produire aussi un certain frottement sur cette tige. M. Laurendeau fait passer la tige du pendule dans une coulisse engagée dans le levier conducteur. Il produit aussi de cette manière un frottement qui s'oppose aux variations brusques dans le cercle décrit par le pendule conique.

On comprend de suite ce que ces frottements, variables dans leur valeur, peuvent exercer d'influence sur la marche de la pendule. Cependant la lenteur avec laquelle ces effets se produisent en réduit beaucoup les inconvénients. Les mêmes choses se passent d'ailleurs dans le pendule plan, lorsqu'on fait usage de l'échappement à repos. Nous ajouterons aussi qu'aussitôt qu'on fait usage d'un frottement quelconque pour obtenir la concentricité, le pendule conique demande une puissance motrice beaucoup plus grande pour conserver la même étendue dans les oscillations.

M. Balliman repousse ces procédés, et obtient la concentricité par l'emploi d'une force motrice suffisante pour faire décrire des cônes de 10 à 15 degrés à son pendule. Pour peu que les axes, dit-il, soient bien verticaux, le pendule bien suspendu, on arrive à coup sûr à la concentricité. M. Balliman, en employant de grands arcs et des lentilles légères, ne redoute pas le changement d'étendue de ces cercles; il pense sans doute que les variations dans la force motrice produisent les mêmes effets, soit que le pendule décrive de grands cônes, soit qu'il en décrive de petits, et que, ces conséquences étant les mêmes, il vaut mieux laisser le pendule le plus libre possible, et ne pas user des moyens un peu empiriques, tels que les frottements, etc.

Nous donnerons dans les applications des moyens de s'assurer de la parfaite concentricité des cercles parcourus.

Conclusions. — De tout ce que nous venons d'exposer il résulte pour nous : 1° que le pendule conique est un excellent régulateur ; 2° que, suspendu par quatre lames de ressort à la Cardan, il présente d'excellentes conditions de concentricité ; 3° que, pour assurer cette concentricité, il ne faut pas hésiter à lui faire décrire des cercles d'une certaine étendue, sans dépasser toutefois 6 à 8 degrés.

Une tige de sapin évitera d'avoir recours à la compensation.

On pourra, grâce à cet élément de régularité, construire une horloge fort simple. Toutefois, cette simplicité est plus apparente que réelle ; n'hésitons pas à le dire. Deux mobiles de plus, dont l'un nécessite un engrenage de champ, représentent à peu près la valeur d'un échappement ; le levier mobile qui fait au moins trente tours par minute ne tarde pas à absorber beaucoup de force motrice par l'altération de son huile et de ses pivots ; enfin, la nécessité de placer le pendule au-dessus du mouvement s'oppose à la solidité de l'ensemble de l'appareil, à moins d'avoir recours à des constructions extraordinaires.

Nous ne recommandons par conséquent ce pendule que pour certains usages spéciaux. Les instruments que nous allons décrire donneront, grâce à son application, des effets inconnus jusqu'à présent. Sans doute, on trouvera d'autres emplois à ce régulateur ; et ce que nous avons consigné ici pourra, nous l'espérons, enlever toute incertitude sur les résultats à obtenir.

APPLICATIONS

DU

MOUVEMENT UNIFORME OBTENU PAR LE PENDULE CONIQUE

On a cherché à utiliser le pendule conique pour conduire uniformément une machine parallactique, et ce que nous avons dit jusqu'à présent ne lève aucune des difficultés qu'on redoute en faisant cette tentative. Une machine parallactique est lourde à conduire, et la force motrice nécessaire pour entretenir le pendule est si minime que, s'il fallait l'augmenter de façon à conduire en même temps le lourd appareil parallactique, l'action régulatrice pourrait s'effacer, et ce ne serait plus le pendule qui modérerait le rouage, mais le rouage qui réglerait la marche du pendule.

Malgré la valeur de ces observations, nous pensons que, si on proportionnait convenablement les choses, on approcherait singulièrement de la solution.

Horloge à temps sidéral et à temps moyen. — On a proposé plusieurs combinaisons pour faire marquer à la même horloge le temps sidéral et le temps moyen. En 1823, MM. Pecqueur et Perrelet présentèrent chacun un régulateur de ce genre. Celui de Perrelet, réglé par un pendule plan, donnait comme celui de Pecqueur la seconde moyenne et la seconde sidérale; mais l'aiguille de celle-ci frappait tantôt sur la division entière, tantôt entre deux divisions, ce qui se conçoit du reste. Pecqueur obviait à cet inconvénient par un rouage différentiel, qui rappelle le système de M. Wagner dans son horloge à mouvement continu. Ce problème devient fort simple par l'emploi du pendule conique. Nous en donnons une solution dont notre ami M. Brocot a calculé les données avec la facilité que présente la méthode de son invention.

M (fig. 3) est l'axe de la roue de secondes, temps moyen, et S l'axe de la roue de secondes, temps sidéral. Ces deux axes sont conduits par un moteur et un rouage spéciaux; à la suite de M ou de S se trouve le rouage complémentaire calculé pour conduire le pendule de telle façon que, si on emploie le pendule à secondes moyennes pour régler l'ensemble, le rapport des vitesses entre M et l'axe conducteur du pendule sera $\frac{1}{30}$. Les quatre mobiles intermédiaires A, B, C, D mettront en communication S et M, et les deux moteurs agiront nécessairement sur le pendule. Ceci posé, il ne s'agit que de nombrer les mobiles M, S, A, B, C, D, de sorte que le rapport des vitesses entre M et S soit comme le temps sidéral est au temps moyen. Ce rapport est $\frac{0072009506}{1000000000}$.

On le remplace approximativement par celui-ci $\frac{9520091}{9520070}$: d'où l'on tire les nombres $\frac{53 \cdot 58 \cdot 79}{38 \cdot 67 \cdot 70}$.

L'erreur produite en employant ce rapport est de 2″,43 par an. Or, un instrument qui donne moins de trois secondes par an est dans d'excellentes conditions.

Pour compléter cette horloge, il faudrait y appliquer deux rouages de seconde indépendante, qui feraient frapper la seconde entière et qui pourraient servir à envoyer électriquement l'un ou l'autre des deux temps dans telle partie d'un observatoire qu'on voudrait.

Compteurs. — On a inventé depuis quelques années un grand nombre d'instruments chronoscopiques. Dans tous, l'électricité joue le principal rôle, et ils rendent de grands services à la science.

Comme ils ne mesurent le temps que pour de très-courtes périodes, on ne sait pas rigoureusement quelle est la valeur de leur marche. Un compteur à pendule conique pourrait servir à contrôler parfaitement leurs résultats.

La plupart des compteurs à pointage frappent le cinquième de seconde; il en résulte que les erreurs entre deux pointages peuvent être de deux cinquièmes de seconde. Cet inconvénient disparaîtrait par l'emploi de compteurs à pendule conique. Si on objecte la difficulté de transporter une horloge de ce genre, on pourra, sans déplacer l'instrument principal, transmettre électriquement le pointage, et on arrivera ainsi à une précision impossible sans l'emploi de ce pendule.

Coïncidence entre deux pendules. — Il n'existe aucun procédé quelconque pour mettre deux pendules en coïncidence parfaite, c'est-à-dire pour avancer ou retarder une pendule d'une petite fraction de seconde, de manière à modifier son heure d'une quantité voulue.

Le pendule conique offre plusieurs moyens pour régulariser l'heure marquée par l'aiguille des secondes, non-seulement d'une quantité quelconque, mais d'une quantité donnée et sans tâtonnement.

Le plus simple est le suivant.

Le pendule est conduit par un mouvement placé au-dessous de la lentille, et est attaché à une suspension à lames à la Cardan ou à toute autre suspension.

Or, supposons qu'au lieu de laisser le mouvement fixe au-dessous de son pendule, il puisse tourner horizontalement sur un centre qui serait le même que celui de la tige conductrice du pendule, évidemment on n'altérera pas ainsi la marche du pendule, mais on modifiera l'heure marquée par les aiguilles du mouvement.

Ainsi, si le pendule fait une seconde par chaque évolution circulaire, et si on tourne le mouvement d'un tour entier dans le sens opposé à la marche du pendule, son aiguille des secondes marquera une seconde de plus que s'il fût resté immobile. Si le mouvement eût été déplacé dans le même sens que le doigt ou levier conducteur, l'aiguille des secondes aurait été retardée.

Cela se conçoit, car, supposons qu'on fasse précisément tourner le mouvement aussi vite et dans le même sens que le levier conducteur, l'aiguille ne changera pas de division sur le cadran, ce qui n'empêchera pas le pendule de suivre constamment sa marche uniforme.

Si donc, en tournant à gauche, on fait avancer, et en tournant à droite on fait retarder d'une seconde, il suffira de diviser le cercle que parcourt le mouvement en cent parties, qui indiqueront la quantité dont on fera tourner le mouvement horizontalement, et l'on pourra ainsi mettre la pendule à l'heure rigoureuse d'une autre pendule.

L'inconvénient de ce procédé, c'est que, les cadrans tournant eux-mêmes avec le mouvement, il leur arrivera parfois de rester dans des positions fort peu commodes pour la lecture de l'heure. Mais on peut, soit avec un rouage supplémentaire, soit avec l'électricité, transmettre sur un cadran fixe l'heure, la minute et la seconde du mouvement mobile.

On verra plus loin ces différentes dispositions.

Il est possible, sans faire tourner le mouvement, mais en faisant usage d'un train différentiel, comme on le verra plus tard, d'obtenir les mêmes effets. Le premier procédé, plus simple, est préférable pour les horloges de précision.

On pourrait croire que les résultats seraient les mêmes si, au lieu de faire tourner le mouvement, on faisait tourner le pendule et sa suspension : il n'en est rien. En faisant tourner sur elle-même la plaque où serait attachée la suspension, on ne changerait seulement pas la direction des axes de l'ellipse décrite par le pendule, si celui-ci ne marchait pas circulairement. Nous terminerons ce travail par l'examen de ce qui se passe lorsqu'on fait ainsi tourner l'ensemble du pendule sur lui-même, et par les applications qu'on en peut déduire.

Mise à l'heure à distance. — On s'est occupé depuis quelque temps de la question de mettre en concordance deux horloges éloignées. Les horlogers ont souvent demandé eux-mêmes qu'une pendule de la Bourse ou de tout autre monument public au centre de la capitale marquât constamment l'heure de l'Observatoire. M. Liais a proposé un moyen de résoudre ce problème; ce procédé, qui n'a pas été mis en exécution, présente de graves difficultés : il peut faire arrêter la pendule, et, s'il est aussi réalisable, il ne saurait être comparé, comme simplicité, avec ce qu'on peut obtenir par l'emploi du pendule conique. Nous entrerons plus tard dans les détails, mais on voit déjà qu'il suffirait d'un compteur électrique, qui enverrait à midi, tous les jours, l'heure de l'Observatoire à la Bourse, par exemple; un employé, chargé de ce service, n'aurait qu'à tourner, au moyen d'une clef ou d'une manivelle, le mouvement de l'horloge de la Bourse, à droite ou à gauche, jusqu'à ce qu'il obtienne la coïncidence, et le problème serait résolu.

Toutes les opérations pourraient se faire de l'Observatoire même avec la plus grande sécurité. La question peut se compliquer de toutes les exigences possibles, et les combinaisons dont nous venons de donner une idée se prêtent, comme on le verra, à toutes les nécessités.

Avec moins de précision et surtout de sécurité, le pendule ordinaire pourrait donner, d'ailleurs, des résultats analogues, et nous dirons un mot des tentatives que nous avons faites à ce sujet.

Avant de décrire les appareils dont nous venons de parler, nous décrirons l'instrument portatif que nous appelons *comparateur chronométrique*. Sa construction repose sur l'élément différentiel dont il est parlé plus haut, et nous croyons compléter ce travail en indiquant tout ce que nous avons fait dans ce genre de recherches.

Le comparateur chronométrique est aussi un instrument entièrement nouveau dans ses fonctions; il a la faculté, comme les précédents, de se mettre en coïncidence parfaite avec un autre chronomètre, et sert ainsi à donner exactement la différence entre deux instruments chronométriques quelconques éloignés ou rapprochés.

COMPARATEUR CHRONOMÉTRIQUE

Tous les horlogers connaissent les montres à secondes indépendantes ;
elles se composent de deux rouages : le premier est un rouage ordinaire de montre, dont le balancier fait 18,000 vibrations par heure ou
5 par seconde ; le second, un rouage sans échappement, nombré de
telle façon que, pour chaque seconde entière frappée par l'aiguille, un
petit levier fixé au dernier mobile fait un tour.

Ce levier, venant s'engager dans le pignon d'échappement, est dégagé
naturellement toutes les cinq oscillations, et fait battre ainsi la grande
seconde à l'aiguille, placée ordinairement au centre de la montre.

Les choses se passent d'ailleurs comme dans la figure ci-contre, et
comme nous allons l'expliquer pour le comparateur chronométrique.

Soit ABC la platine d'une montre au centre de laquelle nous avons mis l'axe de la roue
d'échappement, conduit par le premier rouage.
L'un des pivots de cette roue est prolongé hors
de la platine comme un pivot de secondes, et
porte un petit disque D garni de trois chevilles
exactement divisées. L'échappement fait
36,000 vibrations par heure, soit 10 par se-

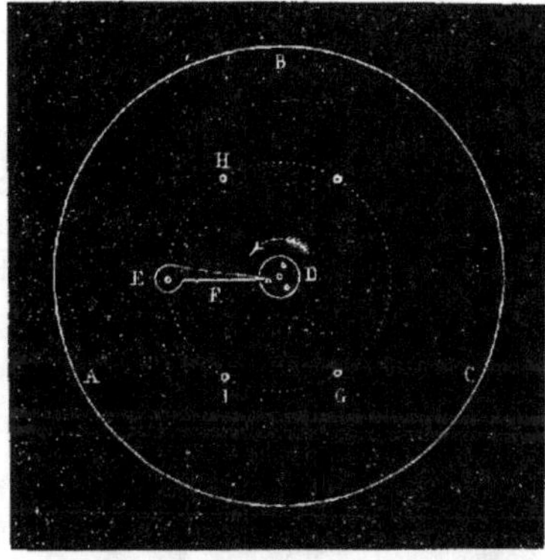

conde. Le levier F, pivotant en E (sous l'action du deuxième rouage),
échappera donc trois fois pour chaque tour du disque D, et fera ainsi
frapper la seconde entière à l'aiguille. Jusqu'ici les choses se passent
exactement comme dans les montres à secondes indépendantes. Si ce
mécanisme marche en présence d'un régulateur à secondes et si les
deux battements se font en même temps, il y aura constamment coïn-

cidence entre les battements du régulateur et ceux de la montre. Mais supposons que, sans changer quoi que ce soit d'ailleurs au rouage qui conduit le disque, ou à celui qui conduit le levier F, on déplace le centre de ce levier et on le transporte de E en I. Le disque marchant dans le sens de la flèche, on comprend que le dégagement du levier F sera retardé d'une quantité notable, et que les deux battements du régulateur et de l'instrument ne coïncideront plus. On comprend encore que si le centre E est amené jusqu'en G, de manière à le déplacer juste d'un tiers de circonférence, les coïncidences se retrouveront, avec ce résultat remarquable que l'instrument sera en retard d'une seconde sur le régulateur. En continuant ainsi de faire tourner la position du centre E, on pourra faire retarder l'instrument de 2, 3, 4, 5 secondes, etc.

Or, si le déplacement d'un tiers de circonférence fait retarder d'une seconde, le déplacement d'un sixième fera une demi-seconde, et enfin le déplacement d'une quantité quelconque fera retarder la montre d'une quantité proportionnelle. Ainsi, pour retarder la montre d'un dixième de seconde, E devra parcourir le dixième de E à G ; pour 3/10mes il devra être amené aux 3/10mes de la distance de E à G, et ainsi de suite.

Si, maintenant, au lieu de déplacer ce centre E vers le point G, on le déplace vers le point H, l'effet sera contraire et la montre avancera dans les proportions que nous venons d'indiquer.

Tel est le principe de l'instrument que nous appelons comparateur chronométrique, parce qu'il sert principalement à donner rigoureusement la différence entre deux pendules ou chronomètres.

Voici quelques détails sur sa construction :

La figure ci-contre représente l'ensemble de l'instrument.

Le cadran porte trois divisions : la première,

concentrique à la boîte, sert pour la grande aiguille de secondes ; une division excentrique marque les

heures et les minutes comme une montre ordinaire ; enfin une troisième division indique par l'aiguille qui la parcourt l'angle parcouru par le centre du levier E, dont il est parlé plus haut. La figure 4 indique mieux la position de ces aiguilles.

L'instrument se compose de deux parties : l'une inférieure *abcd*, l'autre supérieure *abef*. La première contient le mouvement ou le rouage chronométrique porteur du disque D, et la seconde le rouage de la seconde, conduisant le levier F. Chacune d'elles a donc une cage et une boîte spéciales, de telle sorte que la boîte supérieure peut tourner à la main et à frottement sur la boîte inférieure. Si on se rappelle ce que nous avons expliqué avec la figure précédente, on voit à un moyen très-simple de déplacer le centre de F, et de faire avancer ou retarder l'aiguille de secondes de telle quantité qu'on voudra.

Ainsi, en effet, se passent les choses. Lorsqu'on veut mettre le comparateur en coïncidence avec un autre instrument, on fait tourner à droite ou à gauche la boîte supérieure sur la boîte inférieure, jusqu'à ce qu'on obtienne la coïncidence cherchée. Si le comparateur diffère de la pendule de 25 secondes et 7/10mes, il faudra faire huit tours de la boîte supérieure pour 24 secondes, un tiers de tour pour la 25e seconde, et 7,30mes de tour pour les 3/10mes de seconde.

Pour mesurer facilement ces quantités de déplacement, voici le mécanisme que nous avons adopté :

Sur la platine de mouvement inférieur est fixée une roue concentrique à la platine. Avec cette roue fixe engrène une roue de même nombre, pivotant dans la cage du rouage supérieur. I (fig. 4) est l'axe de cette seconde roue, en sorte que chaque fois qu'on fera tourner d'un tour la boîte supérieure sur la boîte inférieure, l'axe I fera aussi un tour entier.

Si sur cet axe I nous posons une aiguille, elle marquera tous les mouvements relatifs des deux boîtes, et si son cadran est divisé en 30, chacune de ces divisions représentera un dixième de seconde. Ce sont les fonctions dont nous parlions en commençant cette description.

Mais pour faciliter la lecture des quantités de déplacement, il était bon de ramener à chaque opération l'aiguille ou l'axe I à zéro. Sur cet axe est ajusté, à frottement gras, un canon porteur d'une courbe en cœur. Un poussoir P, tiré extérieurement, vient, par l'action de la saillie L, presser sur cette courbe et conduit naturellement ainsi l'aiguille à zéro.

M sont les roues de la minuterie, R l'encliquetage du moteur, et X le pivot qui porte la grande aiguille des secondes.

L'emploi de cet instrument est restreint à un petit nombre d'usages. Ainsi, il prend exactement l'heure d'un autre instrument chronométrique et la transporte rigoureusement pour comparer cette heure avec celle d'un autre instrument. Si l'on veut avoir la différence entre ces deux chronomètres éloignés, il suffira de noter le mouvement de l'aiguille indicatrice du déplacement des boîtes.

Si un phénomène doit durer un certain nombre de secondes, plus une fraction, le comparateur a la propriété de mesurer rigoureusement cette durée en faisant frapper l'aiguille aux moments voulus, c'est-à-dire au commencement et à la fin du phénomène.

. On peut faire plusieurs objections à l'emploi de cet instrument.

D'abord, la difficulté de régler avec un échappement qui fait 36,000 vibrations par heure, et ensuite l'insuffisance même de ce nombre de vibrations pour que le mouvement du disque approche du mouvement continu.

Nous sommes persuadé que la première objection n'est pas fondée, et, quant à la seconde, nous l'avons si bien comprise, que c'est pour cela que nous avons cherché si, dans l'emploi du pendule conique, nous n'avions pas, avec la régularité pendant un long temps, une uniformité de conduite suffisante pour le résultat cherché.

Le comparateur n'en restera pas moins un instrument fort commode par la dimension et la facilité de le transporter là où les expériences le demandent.

DESCRIPTION D'UNE PENDULE

AYANT LA FACULTÉ DE SE METTRE EN COINCIDENCE PARFAITE AVEC UNE AUTRE PENDULE

En parlant des applications du pendule conique, nous avons expliqué comment on peut faire avancer ou retarder d'une quantité quelconque une horloge réglée avec ce pendule. C'est un appareil muni de ces dispositions que nous allons décrire :

La figure 5 représente l'ensemble de la machine.

PP est le pendule conique suspendu par quatre lames croisées à la Cardan, et conduit par un levier L.

Le pendule étant de la longueur du pendule ordinaire à secondes, c'est-à-dire faisant un tour en deux secondes, l'axe I fait un demi-tour par seconde. Le rouage qui conduit cet axe est horizontal, et le cadran, horizontal lui-même, a une double division des heures, minutes et secondes. La première de ces divisions est suivie par le mouvement continu réglé par le pendule, la seconde par un rouage semblable aux rouages des secondes indépendantes. Chaque fois que le pendule a fait un demi-tour, une étoile de dix dents laisse échapper le *fouet* du deuxième rouage, et ce fouet, en faisant instantanément un tour, détermine le battement de la seconde entière.

La disposition horizontale des cadrans en rend la lecture difficile, et il est nécessaire de transmettre l'heure sur le devant de l'appareil. Un troisième rouage, disposé aussi comme celui de la seconde indépendante, conduit, en conséquence, cette troisième cadrature et donne l'heure, la minute et la seconde, dans la position la plus convenable pour la lecture.

M est une manivelle qui sert à faire tourner le mouvement horizontal à droite ou à gauche, et D est la lunette d'un cadran posé sur le côté de la boîte. Son aiguille indique les quantités dont le mouvement horizontal a tourné.

Voici maintenant comment on emploie ces dispositions :

Le cadran antérieur vertical est par exemple en retard de trois secondes 18/100mes, et on veut ramener l'aiguille des secondes en avance de cette quantité rigoureusement.

Le bras L tourne à droite et conduit le pendule dans le même sens : il est donc certain que si on tourne l'ensemble du mouvement à gauche on accélérera le moment du dégagement du fouet, car si on ne fait pas avancer le levier L, qui suit toujours la marche régulière du pendule, on fait avancer le chemin qu'il doit parcourir, ce qui revient au même.

Si donc le mouvement horizontal fait un tour entier, l'avance sera de deux secondes.

Tous les déplacements du mouvement étant traduits par l'aiguille du cadran D, divisé en deux fois 100 : pour faire avancer le pendule de 3″ 18/100mes, il faudra faire exécuter à cette aiguille un tour et demi et 18 divisions.

Pour faire retarder, on aurait tourné en sens contraire.

Le cadran D est muni d'un bouton et d'un mécanisme semblables à celui de la figure 4, de telle façon qu'en tirant ce bouton on ramène l'aiguille à zéro pour évaluer plus facilement la quantité correspondante du mouvement de translation concentrique traduite en secondes ou fractions de secondes.

Si maintenant, à chaque battement de la seconde du cadran antérieur, on détermine un contact électrique, on pourra envoyer l'heure à distance avec toute la précision désirable.

Cette pendule deviendra ainsi l'auxiliaire de la pendule normale d'un observatoire ; elle pourra transmettre, en la conservant longtemps, l'heure rectifiée dans toutes les parties de l'établissement, et nous croyons que sous ce rapport elle offre un intérêt sérieux.

Voici maintenant quelques détails du mécanisme (fig. 6) :

P, plaque carrée de 25 centimètres de côté, au milieu de laquelle est ajustée, à frottement gras, la grande platine du mouvement.

C, cercle vissé sur la plaque P pour compléter l'ajustement de la grande platine.

L, piliers du mouvement formant la cage.

E, anneau fixé à la petite platine du mouvement et muni d'une denture de champ.

G, roue engrenant avec l'anneau E, et faisant quatre tours pour un de E.

B, carré où s'ajuste la manivelle M de la figure R.

S, roue de nombre et diamètre égaux à E, sur l'axe prolongé de laquelle est ajustée l'aiguille du cadran D de la figure 5.

T, boutons pour remonter les ressorts par encliquetage.

U, carré de mise à l'heure des aiguilles d'heures et minutes.

L, levier conducteur du pendule.

X, glace percée en son centre pour laisser passer l'axe du conducteur.

N, tige qui fait un mouvement vertical à chaque seconde, et laisse échapper le fouet F du rouage antérieur à la boîte.

F, levier ou fouet dont le tour représente une seconde sur les cadrans placés au devant de la boîte et faisant nécessairement partie d'un rouage spécial.

En tournant la manivelle par le carré B, tout le mouvement tourne et conduit la roue S, dont le déplacement est indiqué par l'aiguille de son axe.

On détermine ainsi, en tournant à droite ou à gauche, l'avance ou le retard des aiguilles de la pendule.

La tige N fait un mouvement de bas en haut à chaque seconde, avons-nous dit ; ce petit saut est produit par le rouage de la seconde indépendante, et ne trouble en rien la marche du pendule. On comprend que cette tige N doit être placée parfaitement au centre du mouvement.

Les choses ainsi disposées, il en résulte que, si on tourne en avant ou en arrière le mouvement horizontal, le mouvement vertical, dont le fouet F fait partie, le suit exactement et traduit tous les effets résultant de la marche circulaire des platines horizontales.

Nous n'entrons pas dans les détails des rouages : ce sont des rouages de pendule ordinaire complétés par deux mobiles, dont le dernier fait un tour pour une seconde ou pour deux secondes. Ainsi, d étant l'axe des secondes, les nombres des roues et pignons e, f, g, h doivent être calculés pour que le fouet F fasse 60 tours pour un de l'axe d.

Quant aux renvois électriques, ils sont comme tous ceux qu'on a faits dans ce but. A la rigueur, si on n'avait pas besoin de l'heure bien lisible sur la pendule elle-même, le renvoi électrique pourrait être disposé sur le mouvement horizontal lui-même, et dans ce cas on supprimerait entièrement le troisième rouage ou mouvement M.

Vérification de la concentricité des oscillations. — Le pendule conique employé dans cet instrument doit, autant que possible, décrire un cercle parfait et exactement concentrique; car s'il décrit des ellipses, les angles égaux parcourus par le levier conducteur ne seront pas parcourus par des temps égaux, et l'aiguille des secondes aura un mouvement saccadé très-visible à l'œil, d'ailleurs, dans ses moindres mouvements. Il importe donc de s'assurer si réellement on obtient la concentricité. Si l'on prend un *comparateur chronométrique* tel qu'il est décrit plus haut, et réglé le mieux possible avec la pendule qu'on veut vérifier, on établira d'abord la coïncidence entre les deux instruments; puis, détruisant d'un certain nombre de dixièmes de seconde cette coïncidence dans l'un d'eux, on s'assurera qu'en faisant le même changement dans l'autre, la coïncidence se retrouve. Si elle persiste à tous les points du cercle des aiguilles indicatrices du déplacement des mouvements, c'est que la concentricité est parfaite.

DESCRIPTION D'UNE SECONDE PENDULE

AYANT AUSSI LA FACULTÉ DE SE METTRE EN COINCIDENCE PARFAITE AVEC UNE AUTRE

Le transport à droite ou à gauche du mouvement moteur du pendule met dans l'obligation d'avoir recours à un mécanisme spécial pour transmettre l'heure d'une manière bien lisible. Ne peut-on, sans déplacer l'ensemble des rouages, obtenir les mêmes résultats?

La pendule que nous allons décrire résout cette question.

La fig. 7 représente la pendule complète. Le cadran d'heures, minutes et secondes de gauche, est celui du mouvement continu; le cadran de droite est celui d'un rouage spécial qui frappe la seconde entière à chaque oscillation circulaire du pendule.

Au-dessus et entre les deux cadrans est un carré qui sert à faire avancer ou retarder la seconde fixe de droite d'une quantité marquée par l'aiguille du cadran inférieur, divisé en cinquante dixièmes de seconde. La disposition des rouages de droite et de gauche est indiquée par de simples traits, fig. 8 et fig. 9.

B et *b* sont les barillets; T, *t*, les roues auxiliaires, dites de temps; C, *c*, roues du centre portant l'aiguille des minutes; M, *m*, roues moyennes; S, *s*, pignons de secondes; N, *n*, mobiles nombrés pour que le *fouet* F fasse 60 tours pour 1 du pignon S.

P, plateau porté sur un pivot prolongé, conduit par le rouage de gauche, et faisant son tour en 4 secondes.

Sur ce plateau sont quatre chevilles qui règlent l'échappement du fouet F, en sorte que, chaque fois que l'une d'elles a parcouru le quart du cercle, F fait un tour et fait marquer une seconde de plus à l'aiguille de droite.

Nous expliquerons tout à l'heure les fonctions des roues X, Y, Z.

La fig. 9 représente le même mouvement retourné; S est le pignon de secondes du mouvement continu et *s* le pignon de secondes du rouage indépendant.

H, roue taillée de champ pour conduire le pignon vertical N.

L, bras conducteur du pendule conique et faisant 1 tour par seconde.

Sur le pignon *s* est une roue E taillée en 60 et à rochet, pour servir à faire le renvoi électrique de l'heure.

Ainsi disposé, ce mouvement ne diffère du mouvement de celui de la précédente pendule que par la verticalité de ses platines. Ce dernier, étant destiné à tourner sur lui-même pour produire les avances ou les retards, devrait être horizontal ; mais il s'agit de faire le même effet sur celui-ci sans déplacement du mécanisme entier.

Il faut pour cela avoir recours à un petit artifice que nous allons décrire.

Les roues X, Y, Z font partie de ce détail ; Y tourne à frottement et à plat sur la platine de derrière, et en parfaite concentricité avec la roue H. L'axe de celle-ci fait son tour en 8 secondes, de sorte que, si le plateau P était chassé sur son pivot prolongé, huit chevilles également espacées sur ce plateau feraient échapper 8 fois le fouet F pour un de ses tours. Il en résulte que, si on pouvait faire avancer ou retarder le plateau seul P, on ferait avancer ou retarder la pendule d'une quantité proportionnelle à ce déplacement ; mais il n'est guère qu'un moyen de produire cet effet sans altérer la marche du mouvement, et ce moyen est le suivant :

Faisons de la roue Y la platine d'une petite cage ; U, fig. 10, sera la seconde platine. Sur l'axe prolongé de la roue de champ, fixons une roue de nombre quelconque *a*, engrenant avec une roue de même nombre *b* ; sur l'axe de *b* fixons une deuxième roue *c*, engrenant avec une autre roue *d* du demi-diamètre de *c* ; enfin, sur l'axe prolongé de *d*, mettons le plateau P, muni de quatre chevilles. Si l'axe de la roue de champ H fait son tour en 8 secondes, il est évident que le plateau P le fera en 4 secondes, et c'est pour cela qu'il ne porte que quatre chevilles. Il ne s'agit plus que de faire avancer ou reculer ce plateau d'une quantité quelconque ; pour cela faisons tourner l'ensemble de la cage, et si on examine avec soin ce qui doit se passer, on verra que, pour un tour de la cage dans le sens de la marche des chevilles, on fera avancer le plateau d'un tour entier ; pour une quantité quelconque, en avant ou en arrière, on fera avancer ou retarder le plateau de quantités proportionnelles, et on obtiendra ainsi les mêmes effets que dans le *comparateur chronométrique*.

Le transport ou le déplacement de l'axe des roues C et B fera ici le même effet que le déplacement des boîtes superposées du *comparateur*.

Pour faire fonctionner aisément la roue Y, une roue X, munie d'un carré sur son axe, engrène avec elle, et au moyen d'une clef on fait, par ce carré, tourner à droite ou à gauche la roue Y. Ce carré est celui qui est placé au-dessus des cadrans. Pour connaître la quantité dont on déplace la cage YU ou la quantité dont on fait avancer ou retarder la pendule, une roue Z engrène avec Y et indique, par une aiguille extérieure, tous les mouvements. Cette aiguille parcourt le cadran placé au-dessous des deux grands cadrans d'heures, minutes et secondes. Pour la ramener à zéro, un mécanisme semblable à celui de la figure 4 est installé sous le cadran.

Le mécanisme que nous venons de décrire, fort simple dans ses effets, évite l'emploi d'un troisième rouage pour lire l'heure, mais il surcharge un peu les derniers mobiles du mouvement principal, et il faut tenir compte de cet inconvénient si l'on veut faire une pendule de précision. Toutefois, les causes d'anomalie restant constamment les mêmes, on obtiendra de très-belles marches même avec ce mécanisme additionnel.

APPLICATION DE L'ÉLECTRICITÉ

AUX MACHINES QUI PRÉCÈDENT POUR DONNER L'HEURE A DISTANCE ET RECTIFIER L'HEURE, LA MINUTE ET LA SECONDE D'UNE HORLOGE ÉLOIGNÉE.

La transmission de l'heure à distance a été si souvent employée déjà et est si connue, qu'il est inutile d'entrer dans les détails de construction. On a cherché à l'utiliser dans les observatoires pour répéter l'heure de la pendule normale en plusieurs lieux d'observation de ces établissements.

Mais, d'une part, on ne peut, sans danger pour la régularité de la marche, appliquer l'électricité sur l'horloge normale ; d'un autre côté, si on fait usage d'une horloge auxiliaire électrique ou non pour cette transmission, l'impossibilité de mettre rigoureusement celle-ci à l'heure de la première expose à des erreurs faciles à comprendre. Ainsi, la pendule normale a déjà une différence sur le temps moyen dont il faut tenir compte ; la pendule auxiliaire exigera à son tour une rectification. Pour les calculs cela n'a, il est vrai, qu'une importance secondaire, les observations étant faites avec soin ; mais on échapperait à toute incertitude si on pouvait rigoureusement mettre à l'heure tous les cadrans électriques d'un observatoire, et nous croyons que, sous ce rapport, les instruments que nous venons de décrire ont une certaine valeur.

Nous le répétons, il serait superflu d'entrer dans les détails de construction qui n'ont rien de particulier. Nous ferons remarquer seulement que des pendules comme celles qui précèdent, quelle que soit la régularité de leur marche, seront plutôt des pendules auxiliaires, et, dans ces conditions, on ne doit pas hésiter à les charger de toutes les fonctions qu'on craindrait d'ajouter à un instrument normal, dont il faut éloigner toute cause même imaginaire d'anomalies.

Quant à la rectification de l'heure d'une horloge de ce genre à distance, il faudrait connaître toutes les conditions du problème pour en présenter la solution.

Ainsi, s'il s'agit d'une pendule placée au palais de la Bourse, un employé arrivant un peu avant midi en présence de l'instrument attend qu'un signal électrique lui arrive de l'Observatoire. Un instant après cet établissement lui envoie 15 ou 20 battements de secondes successifs, dont le premier indique 12ʰ 0′ 0″ et le dernier 12ʰ 0′ 20″. Pendant ces 20 secondes l'employé de la Bourse cherche sa coïncidence, et il l'a obtenue facilement en tournant à droite ou à gauche le carré de mise en coïncidence. Les 40 secondes suivantes sont silencieuses de la part de l'Observatoire. Le battement recommence à midi 1′ 0″, et si la première expérience n'a pas suffi, cette seconde expérience sert à s'assurer non-seulement de la coïncidence, mais aussi de la position de l'aiguille comme expression du temps en secondes entières.

Ce procédé si simple exige, il est vrai, la présence d'un employé près de la pendule de la Bourse. On arrive à se passer de cet auxiliaire de plusieurs manières; mais le problème se complique si on ne veut faire usage que d'un seul fil. En effet, il faut d'abord connaître à l'Observatoire l'heure de la pendule de la Bourse; ensuite, si elle est en retard, il faut faire fonctionner le mécanisme à droite, et si elle est en avance, il faut le faire fonctionner à gauche.

Pour connaître l'état de la pendule tous les jours à midi, par exemple, qu'on suppose deux disques concentriques marchant l'un avec la vitesse de l'aiguille des heures, l'autre avec la vitesse de l'aiguille des minutes, et ces deux disques faisant partie de l'horloge placée à la Bourse. Sur leur diamètre repose une détente qui ne peut tomber que lorsque deux entailles faites dans chacun d'eux se présentent à la fois. Le moment où elles se présentent ensemble étant midi moins une minute, cette détente en tombant complète le circuit électrique qui était interrompu en ce point. La pendule de la Bourse est donc prête à transmettre la seconde à l'Observatoire.

Supposons maintenant que ce circuit demeure ainsi complété pendant quelques minutes, quand la roue de secondes viendra présenter une de ses soixante dents à un contact convenablement disposé, l'Observatoire en sera averti; et si, au lieu de laisser les soixante dents sur la roue, on supprime les dix dernières, par exemple, cet intervalle pourra servir à annoncer que la minute s'achève, et au retour des battements à l'Observatoire, on saura, par le premier choc, qu'une seconde minute commence.

On aura donc ainsi exactement l'heure de la Bourse à l'Observatoire, et on pourra savoir de combien elle diffère de l'heure réelle.

Il ne s'agira plus que de faire tourner à droite ou à gauche le carré de mise à l'heure pour compléter l'opération.

Si on pouvait disposer de trois fils, le premier servirait pour les opérations que nous venons d'indiquer, le second pour faire tourner à gauche un rouage spécial qui entraînerait dans le même sens le carré de mise à l'heure, et le troisième pour faire tourner à droite un autre rouage. Mais on voudrait sans doute obtenir ces trois fonctions d'un même fil. Dans ce cas, le courant ne pourrait passer que successivement d'une bobine à l'autre, et le mouvement de la pendule serait chargé de faire de lui-même, à des intervalles connus, ces changements dans les circuits électriques. Des disques, disposés comme ceux dont nous avons parlé plus haut, rempliraient ces fonctions avec toute l'exactitude désirable.

Il reste une dernière condition du problème de la rectification de l'heure à distance : c'est celle que M. Breguet a remplie parfaitement pour les aiguilles d'heures et de minutes, et qu'il faudrait appliquer à l'aiguille des secondes, c'est-à-dire faire une horloge à secondes qui se mette d'elle-même à l'heure, minute, seconde et fraction de seconde d'une autre horloge.

La solution est beaucoup moins simple qu'on le suppose d'abord, et nous nous réservons de la présenter dès que nous aurons un instrument fonctionnant et qui ne laisse aucun doute sur ses résultats.

OBSERVATIONS

SUR LA

CONSERVATION DU PLAN D'OSCILLATION DANS LE PENDULE ORDINAIRE, ET APPLICATION DE CES PHÉNOMÈNES

Tout le monde connaît la magnifique expérience de M. Léon Foucault sur le pendule, expérience au moyen de laquelle il a démontré si simplement la rotation de la terre autour de son axe. Parmi les nombreuses communications qui ont été faites à l'Académie des sciences, à la suite de la découverte de M. Foucault, nous rappellerons celle de M. Bravais sur la manière dont se comporte le pendule conique relativement à la révolution terrestre.

M. Bravais a démontré par les expériences qu'il a annoncées que, si deux pendules coniques exactement de même longueur oscillent, l'un tournant à gauche et l'autre à droite, ils ne marcheront pas avec la même vitesse, de telle façon que le mouvement circulaire diurne de la terre semble s'ajouter au mouvement du pendule ou s'en retrancher.

Ainsi, pour rendre l'expérience plus facile à saisir, qu'on se transporte au pôle nord. Pour un spectateur qui ne serait pas entraîné par le mouvement diurne, la terre irait de sa droite à sa gauche. Si un pendule conique à secondes était en marche à ce point du globe, en tournant dans le même sens, il semblerait faire un tour ou une oscillation circulaire de moins en vingt-quatre heures : tandis qu'un autre pendule, oscillant dans le sens contraire, semblerait faire un tour de plus : de sorte qu'ils différeraient de deux secondes en vingt-quatre heures. (Voir Comptes-rendus de l'Académie des sciences, 1851 et 1852.)

La même chose arrive, mais d'une manière beaucoup plus sensible, si ce pendule appartient à un instrument capable de tourner sur lui-même.

Ainsi, qu'on prenne la pendule fig. 7, et qu'on la pose sur un plateau tournant bien horizontal, de telle sorte que la perpendiculaire abaissée de l'extrémité du pendule au repos tombe précisément au centre du plateau; qu'on mette le pendule en marche et qu'on compare exactement l'heure de la pendule fig. 7 avec un chronomètre: si le pendule tourne à droite et si on fait faire un tour dans le même sens au plateau, l'aiguille des secondes aura retardé d'une seconde; si on fait tourner le plateau en sens contraire, l'aiguille aura avancé d'une seconde.

Pour un demi-tour du plateau, il y aura précisément une demi-seconde de différence; pour un dixième de tour, un dixième de seconde; et enfin les avances ou retards seront toujours rigoureusement proportionnels au déplacement du plateau.

Il résulte de là qu'une horloge à pendule conique étant donnée, il suffit, pour obtenir d'elle une indication en avance ou en retard, de la poser sur un plateau tournant bien centré, et, sans aucun mécanisme quelconque, on pourra mesurer des quantités extrêmement petites.

En présence de la simplicité de cette solution, on peut se demander pourquoi nous avons eu recours à des mécanismes peut-être compliqués pour obtenir les mêmes résultats. Nous répondrons à cela que, si le principe que nous venons d'énoncer est rigoureux, il se prête assez difficilement à l'exécution, surtout pour de longs pendules. Les mécanismes des pendules décrites plus haut peuvent être rapidement conduits sans inconvénient, tandis qu'on serait exposé à altérer la marche du pendule par les trépidations qui peuvent se produire dans un déplacement brusque de l'ensemble de la pendule. Nous ferons remarquer actuellement que la pendule fig. 7, disposée sur un plateau pour faire l'expérience que nous venons d'indiquer, se prête à en vérifier elle-même les résultats. Ainsi, en tournant le plateau, on fera avancer la pendule de 3″,8, par exemple; si, en tournant le carré qui surmonte les cadrans d'un même nombre de divisions que le plateau, on rétablit l'heure, c'est que l'expérience est inattaquable, et en effet elle réussit toujours ainsi.

A l'application nouvelle de la conservation du plan d'oscillation que nous venons de faire nous ajouterons quelques observations sur la suspension.

Beaucoup de personnes, et même des auteurs importants, ont parlé de la torsion du fil de suspension dans l'expérience de M. Foucault;

cette torsion semble, pour quelques-uns, devoir être une des causes du peu de durée de l'expérience. Pour éclairer tous les doutes sur ce qui se passe, il suffit de faire usage pour ces expériences de la suspension à quatre lames à la Cardan.

Lorsqu'on emploie en effet cette suspension, attachée elle-même sur un axe vertical qu'on peut faire tourner à droite ou à gauche indéfiniment, il est facile, au besoin, de faire décrire au pendule des oscillations planes, elliptiques ou circulaires. Pour ces trois sortes de mouvements, quelle que soit la vitesse qu'on imprime à l'ensemble du pendule en le faisant tourner par le bouton qui le surmonte, sa marche n'est altérée en aucune manière. Les oscillations planes conservent leur plan exactement, le grand axe de l'ellipse conserve toujours la même direction, et la circonférence du cercle décrit par l'extrémité inférieure du pendule est exactement parcourue avec la même vitesse. On voit alors, dans ces expériences, le point de flexion des lames se déplacer successivement à mesure qu'on tourne l'ensemble du pendule, mais aucune torsion quelconque ne se manifeste. Les lames au repos deviennent lames fléchissantes, et réciproquement, ou bien elles participent toutes ensemble à l'oscillation, lorsque le plan de celles-ci se fait entre les deux plans de suspension.

Dans les différentes parties du travail qui précède, nous nous sommes efforcés d'élucider la question du pendule conique, en tenant compte des recherches antérieures. Nous pensons n'avoir omis aucune tentative sérieuse, du moins parmi celles livrées à la publicité. S'il en était autrement, nous serions heureux de réparer notre erreur involontaire.

Toutefois, avant de terminer, il nous reste à répondre à une demande qui vient naturellement à l'esprit en présence même des difficultés que nous avons signalées dans l'emploi de la découverte d'Huygens

N'y a-t-il aucun moyen d'obtenir avec des horloges à pendule plan des résultats analogues à ceux que nous avons obtenus avec le pendule conique? Oui, sans doute, mais aucun ne donne aussi sûrement la solution de l'avance ou du retard. Voici un de ces moyens :

Qu'on place une pendule ordinaire sur un chariot à vis, de manière qu'en tournant cette vis vivement, on puisse faire aller à droite ou à gauche la pendule pendant qu'elle marche.

Suivant qu'on fera un mouvement brusque de la manivelle, dans le sens où marche la lentille ou dans le sens contraire, on fera retarder ou avancer la pendule d'une quantité qui dépendra de la vitesse du déplacement.

Or, on comprend combien il est difficile de régler ces diverses conditions; mécaniquement, c'est presque impossible, et, à la main, moins certain encore.

La solution du problème de la *coïncidence absolue* ne se trouve donc, quant à présent, que dans les diverses applications du pendule conique dont nous venons d'exposer les effets et les résultats. Nous avons d'ailleurs la conviction que, mieux étudié, cet instrument de regularité rendra de grands services à l'art chronométrique. C'est cette pensée qui nous a inspiré ce mémoire.

11777   IMPRIMERIE ET LITHOGRAPHIE RENOU ET MAULDE, 144, RUE DE RIVOLI.

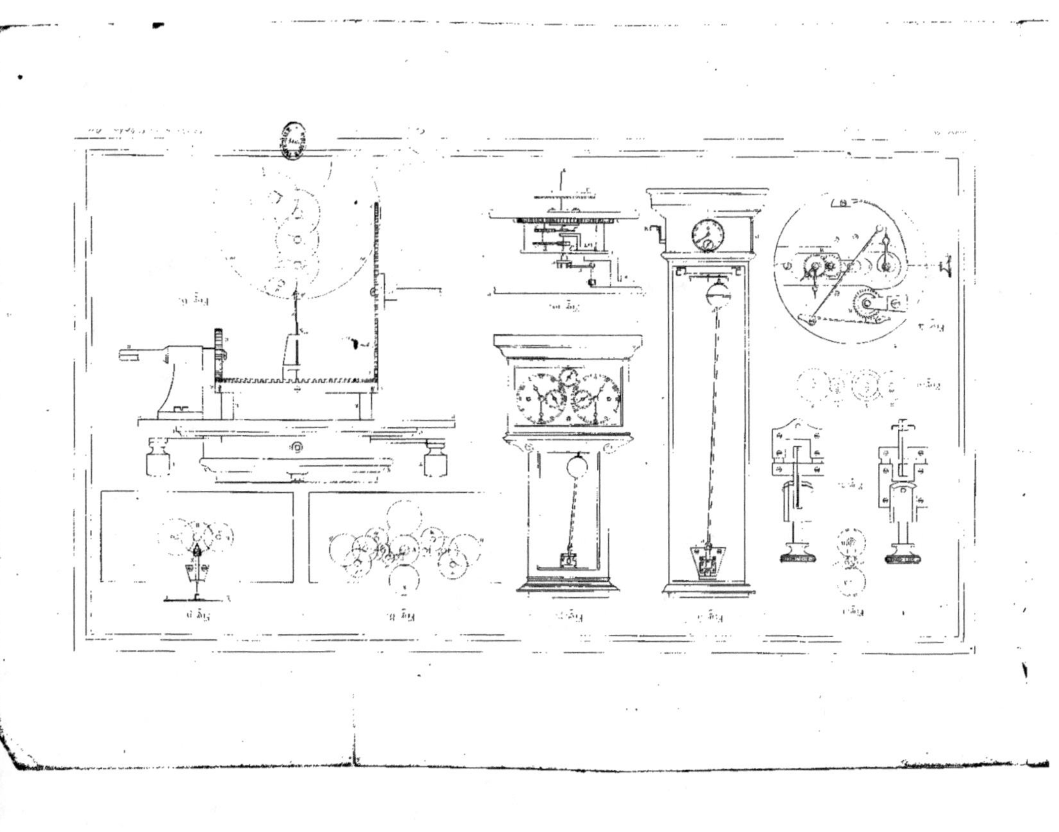

IMPRIMERIE RENOU ET MAULDE
rue de Rivoli, 144.